AF275970

TAL VEZ LA LLUVIA

TAL VEZ LA LLUVIA

JUAN LOERA

Valparaíso
EDICIONES

Número 497 de la Colección VALPARAÍSO DE POESÍA
dirigida por FEDERICO DÍAZ-GRANADOS

Diseño de colección y portada: Chari Nogales
Maquetación: Carlos Henson

Primera edición: junio de 2025

© De los poemas: Juan Loera
© Diseño de portada: August Friedrich Albrecht Schneck,
Anguish (Angoisse) c. 1878, National Gallery of Victoria,
Melbourne

© Valparaíso Ediciones
C/ Fray Leopoldo, 7 bajo, 18014 Granada
www.valparaisoediciones.es

ISBN: 979-13-87538-56-9
Depósito Legal: GR 752-2025

Impreso en España - *Printed in Spain*
Gráficas Gami

TAL VEZ LA LLUVIA

Oso, conejo, ardilla de un bosque antiguo
vuelto ceniza.
Ni ahora ni nunca
volverán a los brazos
que acompañaron.
JOSÉ EMILIO PACHECO

AUTORRETRATO
a la manera de Álvaro de Campos

Siento miedo y congoja todo el tiempo.
Voy al parque y miro a los amados.
Lloro cuando nadie me mira,
lloro sobre todo en mi tiempo libre.

Vivo entre paredes blancas
en un piso veinte,
sin un cuadro a la vista.
Bajo el fregadero
guardo el Airfryer que me regaló mamá.

A casa no viene nadie,
rebota el claro de luna en todos los muros,
soy siete asientos vacíos.

Yo, mis cuatro plantas y una orquídea en la mesa,
yo, mi perro que tampoco sabe hacer amigos,
yo, macario que vivió solo dos años
y murió en su pecera.

Nací con el miedo en la frente,
la ansiedad llegó a los cuatro años
formando en mis párpados
manchas psoriásicas:
mamá pensó que era un hongo.

Cuando salgo a la calle
me cruza la duda,
por ansiedad regreso siempre
a revisar si cerré bien la puerta.

No tengo altares ni cruces.
Si soy a su imagen y semejanza
¿por qué Dios está tan solo
y vive con tanto miedo?

Soy mis pasos de niño cruzando el jardín de noche.

Yo, la ventana que miro.
Yo, el tráfico a las siete.
Yo, el sonido del viento en la noche.
Yo, el elevador que no funciona.
Yo, mis dos cuartos con paredes vacías.
Yo, el exceso de comida que se pudre.
Yo, miedo.

Ningún perro viene a visitar a mi perro.

Guardo en mi librero sesenta y un libros que no he leído
y cuarenta y cuatro que no recuerdo.

Soy los que viven en edificios.
Soy una mujer bendiciendo a su marido y dándole un beso.
Soy un orgasmo enamorado.
Soy un papá alcohólico llorando en el suelo.
Soy la mala cara del guardia.
Soy un inmigrante haitiano detenido por la policía.

Soy el gato que se recuesta bajo la ventana.
Soy el caracol que sale si llueve,
soy su baba muerta bajo la suela del asesino.
Soy las ansiedades del mundo,
el miedo a la oscuridad que tienen los niños,
la deuda de los empleados,
la furia de una madre golpeadora.
Soy una mandíbula rechinante.
Soy una vena sangrando
y el cuchillo que la sangra.
En mi reflujo viven todos los miedos.

Yo, el hablante a solas.
Yo, el caminante lento.
Yo, el calor salido de la caldera.
Yo, el condón usado que amanece en los jardines.
Yo, el pasto mal regado.
Yo, la hierba que crece.

Mi llanto conoce todo lo que angustia;
mi corazón, nada de lo que alegra.

EL MIEDO

Amaneces a medio día,
en tu ciudad ya comenzó a circular la noticia:
«Llegaron las mariposas».

El miedo se te hace verbo.

Tu prójimo celebra con júbilo,
se ponen sus ropas más finas,
instalan las mesas y adornos.

El miedo vive en la nuca.

Llegan de apoco,
sus alas son un beso;
su caminar por las manos, una caricia.

El miedo se te mete en los ojos.

Comienza el banquete:
verbena, lavanda, buddleja.
Devoran incluso el néctar del cosmos.

El miedo te circula por adentro.

La fiesta no termina,
confirmas tu miedo:
                ninguna mariposa quiso tus flores.

RUTA VEINTIOCHO

Seis y media
qué razón tuvo Newton
una luz por la ventana
es arcoíris

lunes de septiembre

se dibujan en mi cuerpo trémulas aguas
el vapor de la regadera me despierta
se desdicen
lágrimas en el baño

siete quince
paseo
trozo
de primavera
me mira
como si fuera milagro

siete cuarenta
yogurt con arándanos
engullo la hambruna
se hace tarde

ocho en punto
llego
México Tacuba
papelería tienda farmacia

abiertas brillando
llega la combi
El viaje comienza

Una moneda
que no afecte su economía
Prostituyo mi vida por una quincena
La señal de pasar
el cambio es una caricia
Tacto metal riqueza
girando
Lleva lloviendo dos años

Prostituyo
mi vida por una quincena
Me sudan los poros la playera se pega
Tacto metal
riqueza girando
Siento el calor de mis carnes
golpear contra aquellos
Lleva lloviendo dos años
No hay límite
    mi cuerpo
        mi vecino

Me sudan los poros
la playera se pega
Le pasa dos
bajo en la esquina
Siento el calor

mis carnes golpean con aquellos
Comodidad democrática
No hay límite
mi cuerpo mi vecino
Solo soy algo pasajero

Le pasa dos en la esquina
Habito mi cuerpo por pura costumbre
Comodidad
democracia
La gente pasa el cambio
Sin robar una moneda
Soy un pasajero
No hagas base voy tarde

Hábito
      mi cuerpo es una costumbre
Benditos los sentados
a la derecha del padre
La gente pasa el cambio
el límite de mi cuerpo se desdice
No hagas base
voy tarde

Benditos los sentados
de copiloto
Uno más uno más uno más
El límite de mi cuerpo
me desdice
Si le pasa uno
acabo de subir

Tres más
Ya pasamos las vías
Arrojarme está mal visto
Si le pasa uno
A los lados caben cinco

Suicidarme está mal visto
Mala costumbre
despertar entre semana
A los lados caben cinco
Bajo en San Joaquín
Amo a los extraños porque no los conozco

nueve cinco
solo queda el chofer
me deja
esquina periférico
gracias
que tenga buen día
no se despide.

¿QUIÉN ESTÁ REZANDO?

«Pedí tan poco a la vida y ese mismo poco la vida me lo negó (...)
como quien niega una limosna no por falta de buena alma,
sino por no tener que desabrochar la chaqueta»
FERNANDO PESSOA

Nunca aprendí a rezar,
solo me sé el «Padre Nuestro»,
quizás lo digo mal y por eso no me escucha.

Quizás Él tampoco se sabe el «Hijo Mío».

¿Y si Él quisiera rezar
y por hacerlo mal yo no lo escucho
y estuviera llorando con las manos juntas
esperando mi respuesta que no llega?

«Hijo mío
que estás en la tierra
despreciado ha sido tu nombre...»

Tal vez la lluvia son sus lágrimas
por no saber hacerlo bien,
porque nunca le enseñaron cómo.

Si sintiera la desesperación en su carne más roja
de gritar con una voz muda
y yo le negara el sosiego que pide,

como quien niega una limosna no por falta de buena alma,
sino por no tener que desabrochar la chaqueta.

Pero ¿qué sentido tiene reparar en los llantos de Dios
si nunca me escucha y solo se abotona el abrigo?

FIEBRE

Me duelen los ojos
quisiera sacármelos
que me habiten por fuera
que me duelan de lejos

mi cuerpo está en guerra
desata infiernos forestales en mi frente

está en guerra
                    es mi enemigo

despierto a las 3 a.m.
toca empezar a morirme

más altas las llamas
más profundo es mi frío

golpea
        insulta
                grita
no me deja

treinta y ocho grados
la vida sigue viviendo   .
treinta y ocho y medio
veinte pisos no es tanto
quisiera saltar
                y apagar el infierno.

PIEDRAS Y PALITOS

Hay un hábito humano
que me acompaña desde niño
aquella infantil empatía
por ramas y guijarros

fueron muchas las veces
que me ponía de rodillas
a sentir en mis manos

el tacto de un prójimo inerte
saberme bienvenido
en sus átomos muertos

había una especie de acuerdo
algo de alivio compartido
algo de salvador y dueño

salvar en mis bolsillos
piedras que se sentían solas
ramas rotas y abandonadas

sentirme por fin dueño de algo
poder arrebatarle
un poco de materia al mundo.

PATER MORTEM

Padre muerto,
quizás en el cielo,
palabras rojas son tu nombre,
no te escucho, no te siento.

Padre muerto,
que te fuiste en año nuevo,
no nos dejaron verte.

Te movieron de cama
y te llevaron a una vitrina.
Te fuiste sin vergüenza,
sin síntomas ni dar señas:
recostado, broncoaspirado
y dormido.

Padre muerto,
no perdono tu ofensa:
que te escondieran en la tierra.

Ya nunca supe encontrarte.

PETIRROJO

Guardo en mi pecho
un pájaro triste
lleva veinticuatro años
habitándome

llegó de madrugada
lo trajo la muerte

estaba tirado
al pie de la cama
de mi madre

alas rotas
me escogió
de entre mis hermanos

      hizo de mi carne
      su jaula

tenía cuatro años
la vida no pesaba
jugaba con los otros
me gustaban las flores

hibernamos juntos
semanas enteras

el invierno no termina
sigue nevando
                    adentro

guardo en mi pecho
un pájaro triste

a veces pienso
abrirle la puerta
dejarlo partir

pero su canto de noche
es lo único que tengo.

INDESEABLE

Tus hijos se comerán
como perros,
 —eso aprendieron de ti—
como perra te comiste
los huesos de tu hermano.

PRUEBA

de yo niño
solo quedan
mi llanto y el polvo

es la prueba:
dios existe

el diablo
no hubiera sido capaz
de tanta maldad.

RAYUELA MEXICANA

que injusticia
haber nacido
vivo
en esta tierra
roja
marea de llantos
braman mis hermanos
la noche
es siempre la misma
boca negra
llevamos la guerra
en el grito
se oye la muerte
revienta el martillo
el yunque
vibra con los golpes
dios
pernocta en otras casas
lejos del ombligo
de la luna
nos cubrimos
engulle con hambre
la herida
fruto podrido
bajo mi planta
creciendo lento
nacimos hermanos
despojo y violencia

SUSPIROS

Soy un estante de frascos vacíos.
FERNANDO PESSOA

I

La noche está triste
porque me mira.
Mis ojos son el mar
que junta las aguas del mundo.

En mí
se acunan
los muertos.

II

Mi alma es un niño triste.

III

La noche en Ciudad de México
es un seseo constante,
susurro discreto,
    arrullo de madre.

IV

Martín Santomé,
hijo de Mario,
no conocí a tu padre,
pero tú y yo
somos hermanos.

La vida es triste;
la felicidad,
una tregua.

V

Mi infancia fue
silencio,
lluvia,
golpes en la ventana,
caras de noche:
presagio de muerte

VI

Ya me duelen los ojos
de ver por la ventana
la vida que no vivo.

VII

¿Qué tengo yo que ver
con mi vida?

VIII

¿Por qué no me morí
cuando tuve oportunidad?
En vez de ser suicida,
ser un simple no nacido.

IX

Mi pecado fue nacer.
Crecer conmigo, mi penitencia.

BUENOS HÁBITOS

¿Qué se supone que haga
con esta tristeza,
si la cargo en los huesos?

Acuna en mi pecho,
me abraza de noche.

¿Qué se supone
que haga
con esta tristeza?

La gente me dice:
«abre las ventanas, limpia tu casa, cambia tu ropa»

Abro ventanas,
limpio mi casa,
cambio mi ropa.

Luego sugieren que coma
en horas estables.

Abro ventanas
limpio mi casa
cambio mi ropa
como en horas estables.

Me recomiendan salir,
mirarme con otros,

tomar el sol.

Abro mi casa,
     como ventanas,
     cambio las horas
   limpio el sol junto con otros.

Y sigo triste.

ACTA DE NACIMIENTO

Nació vivo a las seis,
todavía de noche
en Tlalnepantla

Era Semana Santa
en Palestina sigue muriendo Cristo.

Nació padeciendo malrotación intestinal,
lo que debía permanecer adentro sale
por su garganta recién nacida.
Debe dormir sentado.

Lo registraron tres meses después
era para ver si no se moría.

Nació pequeño, pesó dos kilogramos,
una vieja, madre de su padre,
lo apodó *conejito*.

Los médicos predicen su muerte,
no durará mucho, sin embargo, dura.
Le dicen milagrito,

Nació vivo,
con las tripas malrotadas.
Nació pequeño.
Con el corazón roto.

Nació con la tristeza en el pecho,
hijo del alcoholismo y la violencia.

REFLUJO

Es un incendio sin paz,
fuego que no termina.

Tu esófago es la escalera
que usa la muerte
para visitarte de noche,
por eso llevas un año durmiendo sentado.

Tenías cuatro años,
el alcohol le borró la memoria,
tu padre olvidó que también tenía reflujo:
él no durmió sentado.

A él sí lo mató.

SEMANA SANTA

Si un día me mato quisiera que fuera viernes,
lo he pensado y llegué a la conclusión:
es lo más práctico.

Mi perro tardará en odiarme,
ya habría comido,
no lo asaltará el hambre sino hasta el día siguiente.

Notarán mi silencio el sábado:
irán a verme.
Encontrarán mi rostro con mordidas, sin gloria,
espero no lo regañen:
yo lo dejaba mordisquear mis orejas.

La noche de sábado será de luto,
domingo sin resurrección.
ojalá hayan leído *Los muertos* de Pacheco
así sabrían que es
    mejor el fuego
    o los cuervos de la montaña,
que no quiero ser enterrado.

La semana borrará mi polvo,
así no interrumpiré su trabajo
ya lloraron lo suficiente.

Seguro por esto
a Cristo lo mataron un viernes:
había que trabajar el lunes.

VASECTOMÍA

La ley de la vida diaria parece ley de mendicidad y de asfixia;
pero el albedrío de negar la vida es casi divino.
RAMÓN LOPEZ VELARDE

I

Vas:
vas deferens.
Vaso que carga.
Ducto que lleva.
Vía de traslado.
Vasija que mueve.
Vas,
vaso,
vas a quedarte
solo en esta tierra seca,
vas a necesitar
quien te cuide de viejo.

Ec:
ek.
Eclipse,
ectópico,
ectasia.
Extraer.
Separación.

Fuera.
Fuera de.
Fuera de la paternidad
la vida no tiene sentido.

Tomía:
temnein.
   Átomo,
   anatomía,
   tomografía,
   Cortar.
   Corte.
   Cortas tu herencia,
   ¿quién se quedará todo cuando te mueras?

En un consultorio de La Roma
firmo mi renuncia.

II

Ser padre es un verbo
sin tiempo,
un contrato muy largo
para orgasmos tan cortos.

Ser padre me da miedo.

La paternidad es un sacrificio sin recompensa,
una condena perpetua de trabajo forzado,

horarios de oficina
y a vivir con el miedo.

Qué sería de mis hijos si me despiden mañana,
si nos suben la renta,
si la hipotética madre
terminara por odiarme.

Mi renuncia me libera.

Vivir sin futuro es un acto divino,
tener la certeza con sabor a muerte
es un dulzor placentero.

III

El niño iría de luto, pero la niña no.
RAMÓN LOPEZ VELARDE

Si yo fuera padre
quizás habría tenido una hija,
con tantos nombres posibles
que ninguno sería suficiente.

Sus ojos serían brillantes
y tendría el amor en los labios.

Pero si por azar
tuviera un hijo

nacería sin nombre
y con la boca
cubierta de ceniza.

Hijos que serían
como los guisantes de Mendel,
la niña sería heredera de las alegrías universales,
el niño tendría los males de mi pecho.

La niña reiría todos los días,
no conocería la tristeza,
y nunca mancharía sus manos de envidia.

Los ojos del niño
serían los míos,
y su corazón latería lento
con el ruido de un bebé llorando.

No hay mayor acto de amor,
negar la vida,
esterilizar la tierra.

IV

Toda la humanidad
cabe en una muestra.

Azoospermia:
    Mis tristezas mueren conmigo

EL ODIO

Se pone intolerable, aúlla, trota,
marcha, empuja, cae, destruye,
pero no le abrimos.
EDUARDO LIZALDE

I

El odio es un parásito
enquistado en el pecho;
una termita que escarba
todas las cruces,
el odio es un tumor
con forma de llanto.

El odio eres tú,
bebiendo en la cocina.

II

Mamá nos encierra
y distrae en su cuarto
para que no salgamos:
ya empezaste.

Mis manos tiemblan,
te pones violento, golpeas, azotas,
rompes, gritas, pero no te abre.

III

En mi corazón
hay tan poco espacio
para el amor
y tanto para el odio.

En mi corazón cabe mi padre
vomitando en el baño.

IV

Odié que te murieras,
odié que no avisaras,
odié esa mañana
del primero de enero.

¿Cómo Dios no me dejó a mí
matarte
en esas noches
que dormíamos abrazados?
Cuando el odio no existía
y el infierno apenas iba creciendo.

A LA MANERA DE HERNÁNDEZ CAMPOS

Esta bala, nos dice, me duele más
en el pensamiento
que a ti en los sesos.
JORGE HERNÁNDEZ CAMPOS

Vista desde lo alto
la Ciudad de México es roja,
desde abajo,
el cielo se tiñe de sangre.

Las balas son el agua
con que mis hermanos
normalistas, chiapanecos,
palestinos, haitianos,
congoleños, sirios, se bautizan.

Desde arriba,
ojos morbosos,
miran a los muertos.

Cristo gritó:
«¿Por qué me has abandonado?»

Dios, callado,
siguió mirando.

ÍNDICE